QIYE　NIANJIN　100　WEN

企业年金100问

李连仁　盛晨　编著

中国劳动社会保障出版社

图书在版编目(CIP)数据

企业年金100问/李连仁，盛晨编著. -- 北京：中国劳动社会保障出版社，2018
ISBN 978-7-5167-3701-9

Ⅰ.①企… Ⅱ.①李…②盛… Ⅲ.①企业-养老保险-中国-问题解答 Ⅳ.①F842.67-44

中国版本图书馆 CIP 数据核字(2018)第 221150 号

中国劳动社会保障出版社出版发行

（北京市惠新东街 1 号　邮政编码：100029）

*

保定市中画美凯印刷有限公司印刷装订　　新华书店经销

850 毫米×1168 毫米　32 开本　3.125 印张　56 千字
2018 年 12 月第 1 版　　2022 年 7 月第 3 次印刷
定价：12.00 元

读者服务部电话：(010) 64929211/84209101/64921644
营销中心电话：(010) 64962347
出版社网址：http://www.class.com.cn

版权专有　　侵权必究

如有印装差错，请与本社联系调换：(010) 50948191

我社将与版权执法机关配合，大力打击盗印、销售和使用盗版图书活动，敬请广大读者协助举报，经查实将给予举报者奖励。

举报电话：(010) 64954652

前 言

党的十九大报告明确提出要全面建成多层次社会保障体系。养老保险体系是社会保障体系的核心组成部分之一，经过努力，我国多层次的养老保险体系已初步形成，基本养老保险、企业年金和职业年金、个人储蓄性养老保险三个支柱都取得了建设性成果。

作为养老保险体系第二支柱中的企业年金，自2004年劳动和社会保障部颁布《企业年金试行办法》后开始起步，经过十余年的发展，截至2018年6月，基金积累已经接近1.37万亿元，单个季度领取人员超过100万人，领取金额超过100亿元，为提升职工养老待遇水平、促进社会稳定发挥了积极的作用。

随着我国社会保障体系的不断完善、市场机制的不断发展，企业年金在发展中也暴露出一些问题，例如用人单位和职工参与度不高，受益面窄，与养老保险第二支柱的要求不相适应；待遇水平低，保障功能不强；与职业年金在资金筹集、待遇支付等方面存在差异等。同时，《企业年金试行办法》部分条款已经与现有的市场、实践及经济发展水平不相适应，需要进一步完善。因此，人力资源社会保障部、财政部结合相关政策和市场的发展变化，经过深入调查研究，反复论证，广泛听取意见建议，颁布了《企业年金办法》。

在《企业年金办法》实施将满一年之际，我们针对当前企业年金工作中的重点难点热点，精心设计了 100 个问题，并依据企业年金法规政策和相关实践，进行了解答，集成《企业年金 100 问》一书出版，希望能帮助企业和职工更好地认识、理解和运用企业年金法规政策，为促进企业发展、增进职工福祉做出努力。

李连仁

平安养老保险股份有限公司年金总监

2018 年 12 月

目 录

第 1 问　什么是企业年金？ ………………………………… 1

第 2 问　建立企业年金对企业和职工有什么好处？ ……… 2

第 3 问　企业年金与基本养老保险有什么区别？ ………… 3

第 4 问　企业年金与商业养老保险有什么区别？ ………… 4

第 5 问　企业建立企业年金，应符合什么条件？
哪些人可以参加企业年金？ ………………………… 6

第 6 问　发放现金是否比建立企业年金更好？ …………… 6

第 7 问　企业年金的来源是什么？ ………………………… 8

第 8 问　企业年金委托人和受益人是谁？ ………………… 8

第 9 问　什么是企业年金方案？ …………………………… 8

第 10 问　企业年金方案包含哪些内容？ …………………… 9

第 11 问　企业年金方案生效需要什么流程？ …………… 10

第 12 问　企业年金方案如何修改？ ……………………… 10

第 13 问　不同类型企业在年金方案的报备上有什么
区别？ …………………………………………… 11

第 14 问　针对下属单位比较多的集团企业，如果集团使用

	一个年金方案，各下属单位方案的实施细则是否还需上报备案？ …………………………………	12
第 15 问	企业年金方案的终止有哪些条件？终止后如何处理？ …………………………………………………	12
第 16 问	企业破产了，企业年金基金财产如何处理？ …	13
第 17 问	企业年金基金中都有哪些管理角色？ …………	13
第 18 问	企业年金基金的受托人有几种？ ………………	15
第 19 问	对企业年金理事会的履职有什么要求？其能否收取企业年金管理费？ …………………………	15
第 20 问	企业年金理事会成员如何产生？任期多长？应符合哪些条件？ ………………………………	16
第 21 问	采用企业年金理事会模式，是否比交给法人受托机构管理更好？ ……………………………………	17
第 22 问	企业年金理事会不收管理费，理事会模式是不是更节省成本？ ………………………………………	19
第 23 问	什么是单一计划和集合计划？ …………………	19
第 24 问	设立集合计划，有什么要求？ …………………	20
第 25 问	一个企业可以建立多个企业年金计划吗？ ……	21
第 26 问	企业可以选择退出集合计划吗？ ………………	21
第 27 问	单一计划和集合计划会终止吗？如果终止了，该怎么办？ ………………………………………	21

第 28 问	成立单一计划是否更好?	23
第 29 问	发生哪些情形时,企业年金受托终止?	23
第 30 问	一个年金计划有 4 种管理人,每种管理人都可以有多个吗?	24
第 31 问	一个年金计划可以有多个投资管理人,是不是数量越多越好?	25
第 32 问	各管理人完全分拆不兼任,是不是更好?	25
第 33 问	对企业年金基金各管理人,是否有资格准入和条件要求?	26
第 34 问	企业年金基金各管理人的具体职责是什么?	29
第 35 问	在什么情况下,管理人的职责终止?	32
第 36 问	托管人和投资管理人都管着钱,对他们有什么限制吗?	35
第 37 问	如果有管理人职责终止,该如何处理?	36
第 38 问	企业年金各管理人是否收费?怎么收费?	36
第 39 问	什么是企业年金基金风险准备金?如果提取?	38
第 40 问	什么情况下可以使用风险准备金?	39
第 41 问	风险准备金要一直提下去吗?	39
第 42 问	风险准备金由谁来管理?	40

第 43 问	企业和职工个人的年金缴费存在哪里？	40
第 44 问	职工如何查询自己的企业年金信息？	41
第 45 问	企业缴费和个人缴费的比例是怎样的？	42
第 46 问	企业缴费比例是否越高越好，个人缴费比例是否越低越好？	42
第 47 问	企业缴费以什么方式分配到职工个人账户？	43
第 48 问	企业缴费每年不超过本企业职工工资总额的 8%，其中工资总额的口径是什么？	44
第 49 问	什么是个人账户？每名职工都有个人账户吗？	45
第 50 问	高平差的比较基准是什么？	46
第 51 问	什么是"中人补偿"？	46
第 52 问	企业缴费分配是否都需要考虑高平差？	47
第 53 问	企业缴费分配时，超过 5 倍高平差的部分如何处理？	47
第 54 问	企业如果出现亏损，能否中止缴费？中止后，能否再恢复缴费？	48
第 55 问	企业建立年金计划后，能不能往前追缴几年？	48
第 56 问	企业年金缴费及投资收益如何归属于职工个人？	49

第 57 问　设置权益归属最长年限的目的是什么？……… 49

第 58 问　权益最长归属年限是指在企业工作年限还是参加企业年金计划的年限？………………………… 50

第 59 问　权益归属年限是否越长越好？……………… 50

第 60 问　悬崖式归属方式是否比阶梯式归属方式更好？……………………………………………………… 50

第 61 问　在哪些情形下，企业缴费及其投资收益完全归属于职工个人，且不受双方约定的权益归属年限的限制？…………………………………… 52

第 62 问　企业职工如何加入或退出企业年金方案？……… 53

第 63 问　企业建立年金方案，符合参加条件的职工是否可以放弃参加？已放弃参加年金方案的职工，是否可以再加入年金方案？………………… 54

第 64 问　职工工作发生变动，企业年金应该如何处理？……………………………………………………… 54

第 65 问　领取企业年金待遇应该如何办理手续？……… 55

第 66 问　企业年金待遇领取条件是什么？有哪些领取方式？……………………………………………… 55

第 67 问　职工离职了，其企业年金个人账户中未归属于个人的企业缴费及投资收益该如何处理？…… 56

第 68 问　什么是企业账户资金？企业年金计划产生企业

— v —

	账户资金该怎么处理？………………………	57
第69问	哪些情形下，要进行企业年金计划的审计？ …	57
第70问	企业年金计划审计如何收费？………………	58
第71问	受托人向委托人进行信息披露，有哪些要求？………………………………………………	58
第72问	对企业年金计划各管理人的信息披露，有时效的要求吗？………………………………………	60
第73问	各管理人发生哪些情形，应向监管部门和受托人报告？…………………………………………	62
第74问	企业年金基金投资的基本原则是什么？………	62
第75问	企业年金基金投资范围有哪些？投资各类资产的比例及范围是什么？………………………	63
第76问	什么是专门投资组合？有何要求？…………	65
第77问	企业年金基金可投资的商业银行理财产品应当符合哪些条件？………………………………	66
第78问	企业年金基金可投资的信托产品应当符合哪些条件？……………………………………………	67
第79问	企业年金基金可投资的基础设施债权投资计划应当符合哪些条件？…………………………	68
第80问	企业年金基金可投资的特定资产管理计划应当符合哪些条件？……………………………	69

第 81 问　什么是养老金产品？投资养老金产品对企业年金有哪些好处？ …………………………………… 70

第 82 问　养老金产品的类型及投资范围有哪些？ ……… 70

第 83 问　单个企业年金计划对养老金产品的投资比例是多少？ ……………………………………… 73

第 84 问　单个投资组合委托投资资产对养老金产品的投资比例是多少？ ………………………………… 73

第 85 问　单只养老金产品投资非标准化债权资产的比例是多少？ ……………………………………… 74

第 86 问　养老金产品发生变更和终止的条件是什么？ … 76

第 87 问　养老金产品如何收费？ ……………………… 76

第 88 问　企业年金基金投资应追求高风险高收益还是低风险低收益？ …………………………… 77

第 89 问　企业年金基金是企业自己的，投资方案是否由企业定，而不需要受托人参与？ ………… 77

第 90 问　企业年金基金投资业绩不佳时，是否需要立即调整投资方案？ ……………………………… 78

第 91 问　投资组合业绩不好就立马更换投资管理人的做法，是否可取？ ……………………………… 79

第 92 问　企业年金基金投资，设定既追求绝对收益、又追求较好市场相对排名的目标，是否合理？ …… 80

第 93 问　设定高投资业绩基准,是否一定可以带来高投资收益? ………………………………………… 81

第 94 问　不想承担太多投资风险,所以不希望企业年金计划投资股票,这一想法合理吗? …………… 81

第 95 问　企业年金是否可以承诺保本或者保底收益? … 83

第 96 问　企业缴费和个人缴费是否要纳税? ………… 83

第 97 问　企业年金基金投资取得的收益是否要纳税? … 84

第 98 问　个人退休领取年金时,是否要纳税? ………… 84

第 99 问　因个人出国定居或死亡需领取年金时,是否要纳税? ………………………………………… 85

第 100 问　领取年金待遇,个人所得税如何缴纳? ……… 86

第1问　什么是企业年金？

根据《企业年金办法》（人力资源和社会保障部、财政部令第36号）第二条的规定，企业年金是指企业及其职工在依法参加基本养老保险的基础上，自主建立的补充养老保险制度。

我国多层次养老保险体系由基本养老保险、企业（职业）年金、个人储蓄性养老保险和商业养老保险构成，企业年金属于第二支柱范畴。

根据人力资源社会保障部《2017年度全国企业年金基金业务数据摘要》显示的信息，截至2017年年末，全国建立企业年金的企业达到8万家，参加企业年金的职工约2 331万

养老保险体系

	第一支柱	第二支柱	第三支柱
性质	基本养老金	**企业年金**	个人储蓄/理财/保险等
运行方式	社会统筹+个人账户	个人账户	视产品形态而定
管理人	政府	核准的企业年金管理运营机构	视产品形态而定
强制/自愿	强制	自愿	自愿
给付标准	基础养老金+个人账户养老金	账户累积的金额	依据个人累积情况

人，积累企业年金基金规模约 1.29 万亿元。2017 年，领取企业年金待遇人员约 127.51 万人，领取金额总计达到 345.4 亿元，对提高退休职工养老金水平提供了有力支持。

第 2 问 建立企业年金对企业和职工有什么好处？

建立企业年金，可以实现企业和职工的双赢。

对企业而言，建立企业年金体现了以职工为中心的理念，可以完善企业的薪酬福利结构，提升职工的企业归属感与认同感。同时，企业还可以通过企业年金，建立中长期人才激励机制，起到吸引人才、稳定人才的作用。企业通过对"中人补偿"（关于"中人补偿"的界定，请见第 51 问）问题的解决，可以有效实现新老福利制度的平稳过渡，进而提高企业的核心竞争力。

对职工而言，参加企业年金计划能够加强个人的退休养老金储备，提高退休后的生活水平。同时，职工参加企业年金可以享受企业年金缴费部分带来的企业福利，个人缴费部分也可以享受国家税收优惠政策。

第3问　企业年金与基本养老保险有什么区别？

企业年金与基本养老保险主要有以下三点区别。

第一，定位不同。基本养老保险是养老保险体系第一支柱，具有强制参加、覆盖面广的特点，总体以公平、保障基本生活为主要原则。企业年金是养老保险体系第二支柱，特点是企业和职工自主建立，国家不强制，以保障安全、适度收益、公平与效率相结合为主要原则，是对基本养老保险的补充。

第二，主办机构不同。基本养老保险由政府主办并管理，企业年金由被人力资源社会保障部授予相关管理资格的商业机构进行管理。

第三，资金积累方式不同。基本养老保险采用社会统筹与个人账户相结合的管理方式，退休金一部分来自社会统筹基金，一部分来自职工个人账户。企业年金则采取个人账户完全积累的方式，为每名参加企业年金计划的职工建立企业年金个人账户，企业缴费、个人缴费及投资收益都进入职工个人账户，职工所领取的企业年金待遇都来自本人企业年金个人账户的积累额。

第4问 企业年金与商业养老保险有什么区别？

企业年金与商业养老保险主要有以下三点区别。

第一，资产独立性的区别。

《企业年金办法》第二十八条规定：企业年金基金应当与委托人、受托人、账户管理人、投资管理人、托管人和其他为企业年金基金管理提供服务的自然人、法人或者其他组织的自有资产或者其他资产分开管理，不得挪作其他用途。

《企业年金基金管理办法》（2015年4月30日修订）第八条规定：企业年金基金财产独立于委托人、受托人、账户管理人、托管人、投资管理人和其他为企业年金基金管理提供服务的自然人、法人或者其他组织的固有财产及其管理的其他财产。

两个"办法"均阐明了企业年金是完全独立于企业、个人、管理机构的自有资产的，也不会因为企业、个人、管理机构的破产、重组等情况而受影响，因此具有很高的资产独立性。而在投保商业养老保险的情况下，企业和个人所缴的保险费是与保险公司的资产一起管理的，并形成保险公司的资产和负债。

第二，制约机制的区别。

企业年金的管理，采用"权""钱""账"分离的机制，各管理人依据各自职责在企业年金的运作中相互监督,彼此制约,运作透明,流程清晰,在制度和流程上保证了企业年金基金的安全性。

商业养老保险基金一般不区分受托人、托管人、账户管理人、投资管理人,完全交由一家保险公司管理,主要是依靠保险公司内部制度来保证规范运作,安全性与所投保的保险公司自身相关,在透明度上也比不上企业年金。

第三,保值增值的区别。

企业年金采用个人账户完全积累的方式,职工个人账户资金全部用于投资,投资品种和比例不能超出法规要求的企业年金基金投资范围,所产生的投资收益,在扣除各管理人按照法规要求提取的管理费后,全部归职工企业年金个人账户所有,相对透明。

商业养老保险一般采用分红险的形式,由保险公司按照保险资金投资范围进行投资,向客户提供一个类似保底的预定利率,在此基础上,再根据保险公司所有分红保险业务的经营情况给予一定分红,不与企业和个人所交保费的实际投资情况挂钩,投资的透明度不如企业年金。

第 5 问　企业建立企业年金，应符合什么条件？哪些人可以参加企业年金？

《企业年金办法》第六条规定，企业和职工建立企业年金，应当依法参加基本养老保险并履行缴费义务，企业具有相应的经济负担能力。第八条规定，企业年金方案适用于企业试用期满的职工。第三十一条规定，参加企业职工基本养老保险的其他用人单位及其职工建立补充养老保险的，参照本办法执行。

也就是说，除了参加企业职工基本养老保险的企业及其员工，不能参加职业年金的机关事业单位编外工作人员、社会组织及其专职工作人员等，只要参加了企业职工基本养老保险并试用期满，就可参加企业年金。

第 6 问　发放现金是否比建立企业年金更好？

发放现金和建立企业年金，是体现企业福利的不同方式，各有各的优势。

发放现金最大的优势，就是职工的即期获得感相对强烈。采用发放现金的方式，会让职工在当期的获得感很强，而企业年金只有在职工退休的时候才能真正体现出获得感。

但是企业年金相比发放现金有更多的优势,主要体现在以下五个方面。

第一,在政策依据与支持上。企业年金有国家相关政策的支持,而在工资体系之外发放现金,在很多情况下是受到限制的。

第二,在职工对企业福利制度的感受上。发放现金,职工在更多情况下会认为是工资的一部分,会觉得理所当然;而建立企业年金,职工会认为这是企业在工资之外给予员工的福利。

第三,在税收成本上。建立企业年金,不管是企业所得税还是个人所得税,国家都有税前列支和扣除的优惠政策,而发放现金则不享受这一优惠政策。

第四,在激励留才效果上。建立企业年金,可以通过设置权益归属规则等方式,发挥激励、留才的"金手铐"作用,这样的效果是发放现金达不到的。

第五,建立企业年金,可实现强制储蓄,专款专用,提高职工养老金储备水平,提升职工养老储备意识,而发放的现金很可能由于各种原因挪作他用,无法起到养老储备作用。

区别	建立年金	发放现金
员工感受	远期获得感	当期获得感
政策支持	税收优惠	无
福利制度	视为员工福利	视为工资一部分
激励留才	有	无
养老保障	专款专用	无

第7问　企业年金的来源是什么？

《企业年金办法》第十四条规定，企业年金基金由下列各项组成：企业缴费、职工个人缴费和企业年金基金投资运营收益。

企业和个人的缴费需要按照要求和企业年金方案进行缴纳。

第8问　企业年金委托人和受益人是谁？

根据《企业年金基金管理办法》和人力资源社会保障部《关于印发企业年金计划管理合同指引的通知》（人社部函〔2012〕92号）的相关规定，企业年金的委托人是指建立企业年金计划的企业及其职工，企业代表委托人行使委托人的权利义务。受益人是指按照企业年金方案规定，参加企业年金计划的企业职工及其他享有企业年金计划受益权的自然人。

第9问　什么是企业年金方案？

《企业年金办法》第七条明确规定，建立企业年金，企业应当与职工一方通过集体协商确定,并制定企业年金方案。

《关于印发企业年金计划管理合同指引的通知》规定,企业年金方案指由企业发起、企业职工参与、经过企业和企业职工的集体协商,并经人力资源社会保障行政部门审核备案的具有法律效力的文件。

第10问 企业年金方案包含哪些内容?

根据《企业年金办法》第八条的规定,企业年金方案应当包括以下内容:

(一)参加人员;

(二)资金筹集与分配的比例和办法;

(三)账户管理;

(四)权益归属;

(五)基金管理;

(六)待遇计发和支付方式;

(七)方案的变更和终止;

(八)组织管理和监督方式;

(九)双方约定的其他事项。

第 11 问 企业年金方案生效需要什么流程？

企业年金方案生效，需要经过以下三个流程。

一是企业内部集体协商，提交职工代表大会或者全体职工讨论通过。

二是报送人力资源社会保障行政部门。《企业年金办法》第九条规定，企业应当将企业年金方案报送所在地县级以上人民政府人力资源社会保障行政部门。

三是人力资源社会保障行政部门无异议。《企业年金办法》第十条规定，人力资源社会保障行政部门自收到企业年金方案文本之日起 15 日内未提出异议的，企业年金方案即行生效。

实际操作中，人力资源社会保障行政部门会向企业出具备案函，作为企业及其职工享受税收优惠政策的依据。

第 12 问 企业年金方案如何修改？

企业年金方案生效后，企业与职工一方根据本企业情况，按照国家政策规定，经协商一致，可以变更企业年金方案。变更后的企业年金方案也应当经职工代表大会或者全体职工讨论通过，并重新报送人力资源社会保障行政部门。

第13问 不同类型企业在年金方案的报备上有什么区别?

中央企业和地方企业在年金方案的报备上是有区别的。

中央所属企业的企业年金方案报送人力资源社会保障部。跨省(自治区、直辖市)企业的企业年金方案报送其总部所在地省级人民政府人力资源社会保障行政部门。省(自治区、直辖市)内跨地区企业的企业年金方案报送其总部所在地设区的市级以上人民政府人力资源社会保障行政部门。

其他企业的企业年金方案报送所在地县级以上人民政府人力资源社会保障行政部门。

用人单位为集团公司的,其下属单位加入集团公司企业年金计划、企业年金方案(实施细则)重要条款变更等,由集团公司在原备案地人力资源社会保障部门备案。

	中央所属企业	跨省(自治区、直辖市)企业	省(自治区、直辖市)内跨地区企业	其他企业
方案报备	报送人力资源社会保障部	报送其总部所在地省级人民政府人力资源社会保障行政部门	报送其总部所在地设区的市级以上人民政府人力资源社会保障行政部门	报送所在地县级以上人民政府人力资源社会保障行政部门

第 14 问 针对下属单位比较多的集团企业,如果集团使用一个年金方案,各下属单位方案的实施细则是否还需上报备案?

下属单位比较多的集团企业可以统一使用一个年金方案,但方案备案时,需同时提供各参加单位情况表,以及各下属单位履行民主决策程序形成的决议。各下属单位实施细则无须单独备案,可由集团作为备案材料的一部分统一上报备案。

第 15 问 企业年金方案的终止有哪些条件?终止后如何处理?

《企业年金办法》第十二条规定,有下列情形之一的,企业年金方案终止:

(一)企业因依法解散、被依法撤销或者被依法宣告破产等原因,致使企业年金方案无法履行的;

(二)因不可抗力等原因致使企业年金方案无法履行的;

(三)企业年金方案约定的其他终止条件出现的。

企业应当在企业年金方案终止后 10 日内报告人力资源社

会保障行政部门,并通知受托人。企业应当在企业年金方案终止后,按国家有关规定对企业年金基金进行清算。

第16问 企业破产了,企业年金基金财产如何处理?

企业破产,由受托人组织清算组对企业年金基金财产进行清算,对所有个人账户权益进行全部归属,并按照方案规定或者民主程序讨论通过的办法分配企业账户资金。

对于职工企业年金个人账户,应当转移至协商确定的法人受托机构发起的集合计划设置的保留账户暂时管理,待新就业单位建立年金后再转入新就业单位的企业年金计划。

第17问 企业年金基金中都有哪些管理角色?

企业年金基金由受托人、账户管理人、托管人、投资管理人共同管理,四种管理人各司其职。

受托人是指受托管理企业年金基金的符合国家规定的养老金管理公司等法人受托机构或者企业年金理事会。受托人与委托人签订受托管理合同,并选择、监督、更换其他管理人,对整个企业年金基金的日常管理、运营、服务、信息披露等负责。

账户管理人是指受托人委托管理企业年金基金账户的专业机构,主要负责建立企业年金企业账户和个人账户,记录各类账户缴费、投资收益、支付等资产变化信息,向企业和职工提供查询和报告服务,并负责计算年金待遇。

托管人是指受托人委托保管企业年金基金财产的商业银行,主要负责开立各种企业年金基金托管账户,保管企业年金基金,办理企业年金基金的清算、交割、核算、估值、发放年金待遇等工作,同时要监督投资管理人的投资运作。

投资管理人是指受托人委托投资管理企业年金基金财产的专业机构,主要负责企业年金基金的投资,实现企业年金基金的保值增值。

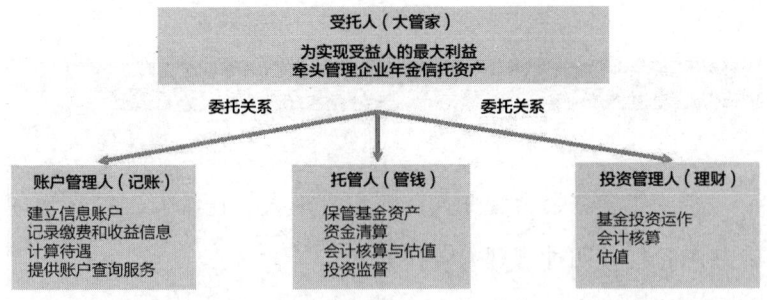

第18问 企业年金基金的受托人有几种？

《企业年金办法》第五条规定，企业和职工建立企业年金，应当确定企业年金受托人，由企业代表委托人与受托人签订受托管理合同。受托人可以是符合国家规定的法人受托机构，也可以是企业按照国家有关规定成立的企业年金理事会。根据《企业年金办法》《企业年金基金管理办法》的相关规定，企业年金理事会由企业和职工代表组成，也可以聘请企业以外的专业人员参加，其中职工代表应不少于三分之一。

法人受托机构是指符合规定的条件，并获得人力资源社会保障部颁发的企业年金基金法人受托机构资格的专业机构。

第19问 对企业年金理事会的履职有什么要求？其能否收取企业年金管理费？

根据《企业年金基金管理办法》第十九条的规定，企业年金理事会依法独立管理本企业的企业年金基金事务，不受企业方的干预，不得从事任何形式的营业性活动，不得从企业年金基金财产中提取管理费用。

企业年金理事会作出决议，应当经全体理事三分之二以上通过。理事会应当对会议所议事项的决定形成会议记录，出席会议的理事应当在会议记录上签名。

同时，理事应当对企业年金理事会的决议承担责任。理事会的决议违反法律、行政法规、年金制度规定或者理事会章程，致使企业年金基金财产遭受损失的，理事应当承担赔偿责任。但经证明在表决时曾表明异议并记载于会议记录的，该理事可以免除责任。

《企业年金基金管理办法》还明确，企业年金理事会对外签订合同，应当由全体理事签字。

第20问 企业年金理事会成员如何产生？任期多长？应符合哪些条件？

《企业年金基金管理办法》第十七条规定，企业年金理事会中的职工代表和企业以外的专业人员由职工大会、职工代表大会或者其他形式民主选举产生。企业代表由企业方聘任。

理事任期由企业年金理事会章程规定，但每届任期不得超过三年。理事任期届满，连选可以连任。

第十八条规定，企业年金理事会理事应当具备下列条件：

（一）具有完全民事行为能力；

（二）诚实守信，无犯罪记录；

（三）具有从事法律、金融、会计、社会保障或者其他履行企业年金理事会理事职责所必需的专业知识；

（四）具有决策能力；

（五）无个人所负数额较大的债务到期未清偿情形。

第21问 采用企业年金理事会模式，是否比交给法人受托机构管理更好？

企业采用理事会模式自己管理年金，优点是有较为高效的内部沟通手段，同时不发生管理费。但是理事个人要对理事会的决议承担责任，而理事个人由于专业知识和经验的不足，有时无法作出专业、准确的判断，同时也容易把自身岗位职责、企业经营与年金管理混在一起，无法保证年金受托管理的独立性，存在风险和隐患。另外，企业年金理事会普遍在年金管理系统建设、运营管理、专业人员等方面投入不够，管理的专业度和效率受到影响。

法人受托机构长期从事年金管理业务，在企业年金计划设计、受托流程设计和应用、投资、精算、管理机构管理、信息披露等方面具备专业优势。因此，通过法人受托机构的专业管理可提高年金受托管理水平，借助其系统可以提升年金管理的运营效率，通过专业人员的配置管理实现企业年金基金稳健合理地保值增值。

目前，法人受托模式是市场的主流，从人力资源社会保障部公布的数据来看，采用理事会模式的企业年金计划数量已逐年减少。

数据来源：人力资源社会保障部全国企业年金基金业务数据摘要（2012—2017年）

第22问 企业年金理事会不收管理费，理事会模式是不是更节省成本？

理事会模式看似节约成本，不发生受托费，但是实际上企业除了需要承担与年金管理相关的人力、办公设备、系统开发等显性成本外，还需要承担流程风险管控相对薄弱、运营效率相对低下等客观存在的隐性成本，而这些隐性成本是无法准确核算和控制的。

法人受托机构模式下，管理效率相对较高，受托费比例确定，相比来讲，成本透明可控。

第23问 什么是单一计划和集合计划？

企业年金单一计划指受托人将单个委托人交付的企业年金基金，单独进行受托管理的企业年金计划。简单来讲，就是一个年金计划，只有一个委托人，这个委托人可以对年金计划的流程、投资策略等提出个性化的要求。

企业年金集合计划指同一受托人将多个委托人交付的企业年金基金，集中进行受托管理的企业年金计划。人力资源社会保障部《关于企业年金集合计划试点有关问题的通知》（人社部发〔2011〕58号）中第一条也对集合计划的定义作了阐述：企业年金集合计划是指由具有"企业年金基金法人受托机构"资格的受托人设立的、将多个委托人交付的企业年金基金，集中进行受托管理的企业年金计划。相比单一计划，集合计划就是一个年金计划有多个委托人，但该计划由受托人发起，各委托人无法提出个性化的流程和投资策略要求。

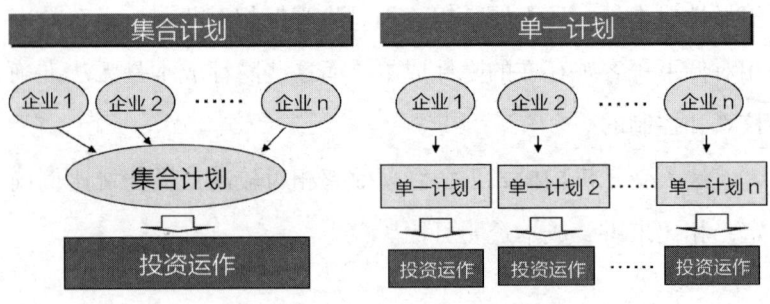

第24问 设立集合计划，有什么要求？

《企业年金基金管理办法》第六十五条规定，法人受托机构设立集合计划，应当制定集合计划受托管理合同，为每个集合计划确定账户管理人、托管人各一名，投资管理人至少三名，并分别与其签订委托管理合同。

集合计划受托人应当将制定的集合计划受托管理合同、签订的委托管理合同以及该集合计划的投资组合说明书报人力资源社会保障部备案。

第25问 一个企业可以建立多个企业年金计划吗?

《企业年金基金管理办法》第六十六条规定,一个企业年金方案的委托人只能建立一个企业年金单一计划或者参加一个企业年金集合计划。

第26问 企业可以选择退出集合计划吗?

《企业年金基金管理办法》第六十六条规定,委托人加入集合计划满3年后,方可根据受托管理合同规定选择退出集合计划。

第27问 单一计划和集合计划会终止吗?如果终止了,该怎么办?

单一计划和集合计划都可以终止。

单一计划企业年金方案终止后,企业年金单一计划也即终止。

《企业年金基金管理办法》第六十八条规定,单一计划终止时,受托人应当组织清算组对企业年金基金财产进行清算。清算费用从企业年金基金财产中扣除。

《企业年金基金管理办法》第七十条规定,企业年金单一计划终止时,受益人企业年金个人账户权益应当转入原法人受托机构发起的集合计划设置的保留账户统一管理;原受托人是企业年金理事会的,由企业与职工协商选择法人受托机构管理。

《关于企业年金集合计划试点有关问题的通知》规定,发生下列情形之一的,企业年金集合计划终止:企业年金集合计划基金财产连续6个月低于5 000万元人民币的;加入企业年金集合计划的委托人全部退出的;受托人与企业年金集合计划其他各管理机构协商一致决定终止的;人力资源社会保障部按照规定决定撤销的。

企业年金集合计划终止的,受托人应当组织清算组对企业年金集合计划基金财产进行清算。清算费用从企业年金集合计划基金财产中扣除。

企业年金集合计划终止且清算工作完成后,委托人应当及时选择加入其他集合计划或者建立单一计划。受托人与其他各管理机构应当继续履行各项管理职责,妥善完成企业年金集合计划基金财产移交的相关工作。

第28问 成立单一计划是否更好？

成立单一计划还是加入集合计划，需要根据企业的年金规模和实际情况进行选择。

集合计划简化了年金建立程序，可以提高年金管理效率，也能形成投资规模效应，更好地保值增值，因此适合企业年金规模不大的企业。

单一计划在计划建立、合同签署、管理人选择、战略资产配置、信息披露等方面均可以进行个性化选择与定制，适合规模大、有一定个性化需求的大型企业。

第29问 发生哪些情形时，企业年金受托终止？

根据《企业年金基金管理办法》第二十五条的规定，有下列情形之一的，法人受托机构职责终止：

（一）违反与委托人合同约定的；

（二）利用企业年金基金财产为其谋取利益，或者为他人谋取不正当利益的；

（三）依法解散、被依法撤销、被依法宣告破产或者被依法接管的；

（四）被依法取消企业年金基金受托管理业务资格的；

（五）委托人有证据认为更换受托人符合受益人利益的；

（六）有关监管部门有充分理由和依据认为更换受托人符合受益人利益的；

（七）国家规定和合同约定的其他情形。

企业年金理事会有前款第（二）项规定情形的，企业年金理事会职责终止，由委托人选择法人受托机构担任受托人。企业年金理事会有第（一）、（三）至（七）项规定情形之一的，应当按照国家规定重新组成，或者由委托人选择法人受托机构担任受托人。

第 30 问　一个年金计划有 4 种管理人，每种管理人都可以有多个吗？

根据《企业年金基金管理办法》第五条的规定，一个企业年金计划应当仅有一个受托人、一个账户管理人和一个托管人，可以根据资产规模大小选择适量的投资管理人。

一个受托人 ＋ 一个账户管理人 ＋ 一个托管人 ＋ 一个或多个投资管理人 ＝ 一个企业年金计划

第31问　一个年金计划可以有多个投资管理人，是不是数量越多越好？

一个年金计划有多个投资管理人参与年金基金的投资管理，可以促进投资管理人之间的良性竞争，但是并不是投资管理人越多越好。投资管理人的多少应该依据年金资产规模大小进行适量调整。

如果投资管理人过多，则每个投资管理人分配到的资金量就十分有限，投资管理人的投资方向与投资标的就会受到制约，同时较小的资金量也不容易引起投资管理人的重视，从而影响企业年金计划的投资收益。

第32问　各管理人完全分拆不兼任，是不是更好？

各管理人完全分拆不兼任的管理模式，从委托人角度来看，各方管理人可以互相监督、互相制衡，年金计划的管理更安全、更可靠。但是，这种完全分拆的模式也会牺牲掉一部分管理效率，增加年金计划管理的运营和沟通成本。

各管理人合理兼任、适度集约的管理模式，同样可以确保年金计划的运作和管理安全，风险可控。企业年金集合计划

"2+2"或"3+1"的管理模式就是管理人集约化的体现,即使在一个集合计划下有上千甚至数千个委托人,也能保持平稳运作。

第33问 对企业年金基金各管理人,是否有资格准入和条件要求?

对企业年金基金法人受托机构、托管人、账户管理人和投资管理人,法规都有明确规定,需要向人力资源社会保障部申请相应的管理资格,并且相关资格都有有效期,到期后需重新申请资格延续。

现行法规对企业年金理事会理事有条件要求,但对企业年金理事会没有资格准入和条件要求。

《企业年金基金管理办法》第二十二条规定,法人受托机构应当具备下列条件:

(一)经国家金融监管部门批准,在中国境内注册的独立法人;

(二)具有完善的法人治理结构;

(三)取得企业年金基金从业资格的专职人员达到规定人数;

（四）具有符合要求的营业场所、安全防范设施和与企业年金基金受托管理业务有关的其他设施；

（五）具有完善的内部稽核监控制度和风险控制制度；

（六）近3年没有重大违法违规行为；

（七）国家规定的其他条件。

第二十八条规定，账户管理人应当具备下列条件：

（一）经国家有关部门批准，在中国境内注册的独立法人；

（二）具有完善的法人治理结构；

（三）取得企业年金基金从业资格的专职人员达到规定人数；

（四）具有相应的企业年金基金账户信息管理系统；

（五）具有符合要求的营业场所、安全防范设施和与企业年金基金账户管理业务有关的其他设施；

（六）具有完善的内部稽核监控制度和风险控制制度；

（七）近3年没有重大违法违规行为；

（八）国家规定的其他条件。

第三十三条规定，托管人应当具备下列条件：

（一）经国家金融监管部门批准，在中国境内注册的独立法人；

（二）具有完善的法人治理结构；

（三）设有专门的资产托管部门；

（四）取得企业年金基金从业资格的专职人员达到规定人数；

（五）具有保管企业年金基金财产的条件；

（六）具有安全高效的清算、交割系统；

（七）具有符合要求的营业场所、安全防范设施和与企业年金基金托管业务有关的其他设施；

（八）具有完善的内部稽核监控制度和风险控制制度；

（九）近3年没有重大违法违规行为；

（十）国家规定的其他条件。

第四十条规定，投资管理人应当具备下列条件：

（一）经国家金融监管部门批准，在中国境内注册，具有受托投资管理、基金管理或者资产管理资格的独立法人；

（二）具有完善的法人治理结构；

（三）取得企业年金基金从业资格的专职人员达到规定人数；

（四）具有符合要求的营业场所、安全防范设施和与企业年金基金投资管理业务有关的其他设施；

（五）具有完善的内部稽核监控制度和风险控制制度；

（六）近3年没有重大违法违规行为；

（七）国家规定的其他条件。

《企业年金基金管理办法》第七十八条规定，法人受托机构、账户管理人、托管人、投资管理人开展企业年金基金管理相关业务，应当向人力资源社会保障部提出申请。法人受托机构、账户管理人、投资管理人向人力资源社会保障部提出申请前应当先经其业务监管部门同意，托管人向人力资源社会保障部提出申请前应当先向其业务监管部门备案。

《企业年金基金管理办法》第七十九条规定，人力资源社会保障部收到法人受托机构、账户管理人、托管人、投资管理人的申请后，应当组织专家评审委员会，按照规定进行审慎评审。经评审符合条件的，由人力资源社会保障部会同有关部门确认公告；经评审不符合条件的，应当书面通知申请人。

第34问 企业年金基金各管理人的具体职责是什么？

根据《企业年金基金管理办法》的规定，各管理人有相应的职责。

受托人应当履行下列职责：

（一）选择、监督、更换账户管理人、托管人、投资管理人。

（二）制定企业年金基金战略资产配置策略。

（三）根据合同对企业年金基金管理进行监督。

（四）根据合同收取企业和职工缴费，向受益人支付企业年金待遇，并在合同中约定具体的履行方式。

（五）接受委托人查询，定期向委托人提交企业年金基金管理和财务会计报告。发生重大事件时，及时向委托人和有关监管部门报告；定期向有关监管部门提交开展企业年金基金受托管理业务情况的报告。

（六）按照国家规定保存与企业年金基金管理有关的记录自合同终止之日起至少 15 年。

（七）国家规定和合同约定的其他职责。

账户管理人应当履行下列职责：

（一）建立企业年金基金企业账户和个人账户；

（二）记录企业、职工缴费以及企业年金基金投资收益；

（三）定期与托管人核对缴费数据以及企业年金基金账户财产变化状况，及时将核对结果提交受托人；

（四）计算企业年金待遇；

（五）向企业和受益人提供企业年金基金企业账户和个人账户信息查询服务，向受益人提供年度权益报告；

（六）定期向受托人提交账户管理数据等信息以及企业年金基金账户管理报告，定期向有关监管部门提交开展企业年金基金账户管理业务情况的报告；

（七）按照国家规定保存企业年金基金账户管理档案自合同终止之日起至少 15 年；

（八）国家规定和合同约定的其他职责。

托管人应当履行下列职责：

（一）安全保管企业年金基金财产；

（二）以企业年金基金名义开设基金财产的资金账户和证券账户等；

（三）对所托管的不同企业年金基金财产分别设置账户，确保基金财产的完整和独立；

（四）根据受托人指令，向投资管理人分配企业年金基金财产；

（五）及时办理清算、交割事宜；

（六）负责企业年金基金会计核算和估值，复核、审查和确认投资管理人计算的基金财产净值；

（七）根据受托人指令，向受益人发放企业年金待遇；

（八）定期与账户管理人、投资管理人核对有关数据；

（九）按照规定监督投资管理人的投资运作，并定期向受托人报告投资监督情况；

（十）定期向受托人提交企业年金基金托管和财务会计报告，定期向有关监管部门提交开展企业年金基金托管业务情况的报告；

（十一）按照国家规定保存企业年金基金托管业务活动记录、账册、报表和其他相关资料自合同终止之日起至少15年；

（十二）国家规定和合同约定的其他职责。

投资管理人应当履行下列职责：

（一）对企业年金基金财产进行投资；

（二）及时与托管人核对企业年金基金会计核算和估值结果；

（三）建立企业年金基金投资管理风险准备金；

（四）定期向受托人提交企业年金基金投资管理报告，定期向有关监管部门提交开展企业年金基金投资管理业务情况的报告；

（五）根据国家规定保存企业年金基金财产会计凭证、会计账簿、年度财务会计报告和投资记录自合同终止之日起至少15年；

（六）国家规定和合同约定的其他职责。

第35问 在什么情况下，管理人的职责终止？

根据《企业年金基金管理办法》的规定，有下列情形之一的，法人受托机构职责终止：

（一）违反与委托人合同约定的；

（二）利用企业年金基金财产为其谋取利益，或者为他人谋取不正当利益的；

（三）依法解散、被依法撤销、被依法宣告破产或者被依法接管的；

（四）被依法取消企业年金基金受托管理业务资格的；

（五）委托人有证据认为更换受托人符合受益人利益的；

（六）有关监管部门有充分理由和依据认为更换受托人符合受益人利益的；

（七）国家规定和合同约定的其他情形。

有下列情形之一的，账户管理人职责终止：

（一）违反与受托人合同约定的；

（二）利用企业年金基金财产为其谋取利益，或者为他人谋取不正当利益的；

（三）依法解散、被依法撤销、被依法宣告破产或者被依法接管的；

（四）被依法取消企业年金基金账户管理业务资格的；

（五）受托人有证据认为更换账户管理人符合受益人利益的；

（六）有关监管部门有充分理由和依据认为更换账户管理人符合受益人利益的；

（七）国家规定和合同约定的其他情形。

有下列情形之一的，托管人职责终止：

（一）违反与受托人合同约定的；

（二）利用企业年金基金财产为其谋取利益，或者为他人谋取不正当利益的；

（三）依法解散、被依法撤销、被依法宣告破产或者被依法接管的；

（四）被依法取消企业年金基金托管业务资格的；

（五）受托人有证据认为更换托管人符合受益人利益的；

（六）有关监管部门有充分理由和依据认为更换托管人符合受益人利益的；

（七）国家规定和合同约定的其他情形。

有下列情形之一的，投资管理人职责终止：

（一）违反与受托人合同约定的；

（二）利用企业年金基金财产为其谋取利益，或者为他人谋取不正当利益的；

（三）依法解散、被依法撤销、被依法宣告破产或者被依法接管的；

（四）被依法取消企业年金基金投资管理业务资格的；

（五）受托人有证据认为更换投资管理人符合受益人利益的；

（六）有关监管部门有充分理由和依据认为更换投资管理人符合受益人利益的；

（七）国家规定和合同约定的其他情形。

第36问 托管人和投资管理人都管着钱,对他们有什么限制吗?

为了保证企业年金基金的安全,法规对托管人和投资管理人是有禁止行为的要求的。

根据《企业年金基金管理办法》第三十八条的规定,禁止托管人有下列行为:

(一)托管的企业年金基金财产与其固有财产混合管理;

(二)托管的企业年金基金财产与托管的其他财产混合管理;

(三)托管的不同企业年金计划、不同企业年金投资组合的企业年金基金财产混合管理;

(四)侵占、挪用托管的企业年金基金财产;

(五)国家规定和合同约定禁止的其他行为。

根据《企业年金基金管理办法》第四十五条的规定,禁止投资管理人有下列行为:

(一)将其固有财产或者他人财产混同于企业年金基金财产;

(二)不公平对待企业年金基金财产与其管理的其他财产;

(三)不公平对待其管理的不同企业年金基金财产;

(四)侵占、挪用企业年金基金财产;

（五）承诺、变相承诺保本或者保证收益；

（六）利用所管理的其他资产为企业年金计划委托人、受益人或者相关管理人谋取不正当利益；

（七）国家规定和合同约定禁止的其他行为。

第37问 如果有管理人职责终止，该如何处理？

根据《企业年金基金管理办法》第二十六条的规定，受托人职责终止的，委托人应当在45日内委任新的受托人。受托人应当妥善保管企业年金基金受托管理资料，在45日内办理完毕受托管理业务移交手续，新受托人应当接收并行使相应职责。

根据《企业年金基金管理办法》第三十一条、第三十七条和第四十四条的规定，账户管理人、托管人或投资管理人职责终止的，受托人应当在45日内确定新的管理人，原管理人应当妥善保管企业年金基金相关管理资料，在45日内办理完毕相关管理业务移交手续，新管理人应当接收并行使相应职责。

第38问 企业年金各管理人是否收费？怎么收费？

根据《企业年金基金管理办法》，除企业年金理事会外，其他各管理人在管理年金过程中都会收取费用,具体规定如下。

受托人年度提取的管理费不高于受托管理企业年金基金财产净值的0.2%。

账户管理人的管理费按照每户每月不超过5元人民币的限额,由建立企业年金计划的企业另行缴纳。保留账户和退休人员账户的账户管理费可以按照合同约定由受益人自行承担,从受益人个人账户中扣除。

托管人年度提取的管理费不高于托管企业年金基金财产净值的0.2%。

投资管理人年度提取的管理费不高于投资管理企业年金基金财产净值的1.2%。

以上各项管理费,除账户管理费另有规定外,受托费、托管费和投资管理费都从企业年金基金财产中扣取。

管理人	管理费	收取规定	来源
受托人	受托费	不高于受托管理企业年金基金财产净值的0.2%	从企业年金基金财产中扣取
账户管理人	账户管理费	每户每月不超过5元人民币	企业另行缴纳,保留账户和退休人员账户从个人账户中扣除

续表

管理人	管理费	收取规定	来源
托管人	托管费	不高于托管企业年金基金财产净值的 0.2%	从企业年金基金财产中扣取
投资管理人	投资管理费	不高于投资管理企业年金基金财产净值的 1.2%	从企业年金基金财产中扣取

第 39 问　什么是企业年金基金风险准备金？如何提取？

按照《企业年金基金管理办法》第六十条的规定，投资管理人从当期收取的管理费中，提取 20% 作为企业年金基金投资管理风险准备金，专项用于弥补合同终止时所管理投资组合的企业年金基金当期委托投资资产的投资亏损。

按照《关于企业年金集合计划试点有关问题的通知》第二条第（四）项的规定，企业年金集合计划投资管理费不提取风险准备金。

结合上述规定可知，单一计划需要提取风险准备金，集合计划则不需要提取风险准备金。

第 40 问 什么情况下可以使用风险准备金？

根据《企业年金基金管理办法》第六十一条的规定，当合同终止时，如所管理投资组合的企业年金基金财产净值低于当期委托投资资产的，投资管理人应当用风险准备金弥补该时点的当期委托投资资产亏损，直至该投资组合风险准备金弥补完毕；如所管理投资组合的企业年金基金当期委托投资资产没有发生投资亏损或者风险准备金弥补后有剩余的，风险准备金划归投资管理人所有。

第 41 问 风险准备金要一直提下去吗？

根据《企业年金基金管理办法》第六十二条的规定，企业年金基金投资管理风险准备金应当存放于投资管理人在托管人处开立的专用存款账户，余额达到投资管理人所管理投资组合基金财产净值的 10% 时可以不再提取。托管人不得对投资管理风险准备金账户收取费用。

第42问 风险准备金由谁来管理?

根据《企业年金基金管理办法》第六十三条的规定,风险准备金由投资管理人进行管理,可以投资于银行存款、国债等高流动性、低风险金融产品。风险准备金产生的投资收益,应当纳入风险准备金管理。

第43问 企业和职工个人的年金缴费存在哪里?

根据《企业年金基金管理办法》,每一个企业年金计划都要有一个托管人,并由托管人开立专门用于托管该企业年金计划基金财产的受托财产托管账户。企业和职工个人的年金缴费就存在托管人的受托财产托管账户里,由托管人负责保管。

《关于印发企业年金计划管理合同指引的通知》对受托财产托管账户有明确的规定:受托财产托管账户,指托管人开立的、专门用于归集企业年金缴费、向投资资产托管账户划拨资金、向受益人支付企业年金待遇、依据法律法规规定支付企业年金管理费用或转移企业年金基金财产的专用存款账户。

企业年金基金托管人只能是符合一定条件的商业银行,并需要取得企业年金基金管理人资格。

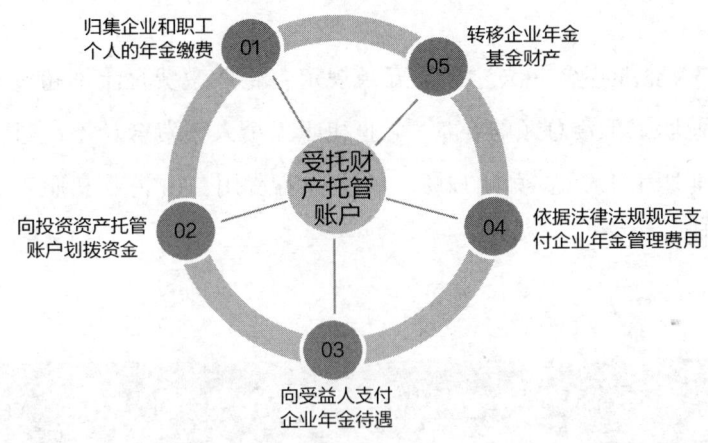

第 44 问 职工如何查询自己的企业年金信息?

职工可以通过本企业年金计划的受托人或账户管理人提供的渠道,查询本人的企业年金缴费、收益、资产等个人账户信息。目前查询的渠道比较多,比如网上查询、电话查询、多媒体自助终端查询等,还有部分受托人或账户管理人开发了手机 App 查询渠道,职工通过手机也能查询自己的年金情况。

第45问 企业缴费和个人缴费的比例是怎样的？

《企业年金办法》第十五条规定，企业缴费每年不超过本企业职工工资总额的8%。企业和职工个人缴费合计不超过本企业职工工资总额的12%。具体所需费用，由企业和职工一方协商确定。

第46问 企业缴费比例是否越高越好，个人缴费比例是否越低越好？

企业缴费比例不是越高越好。从参加年金计划的职工角度来看，企业缴费比例越高，职工个人获得的年金福利就越高。从企业角度来看，企业缴费比例越高，企业的成本负担就越重，甚至有可能影响企业的正常经营。因此企业缴费比例的确定，要考虑企业的经营情况，以不影响企业正常经营为前提，这样才能使企业年金计划更有持续性。

个人缴费比例也不是越低越好，需要结合职工个人的缴费承受能力、职工年龄结构和职工需求等因素综合考虑：一是国家对企业年金个人缴费有税收政策支持，适当的缴费比例可以让员工享受更多的政策实惠；二是适当的个人缴费可以达到强制储蓄的效果，提高职工的养老储备，也是企业对职工负责的体现；三是过低的个人缴费比例难以体现职工个人的养老责任，会影响职工对年金计划的感知度，不利于发挥企业年金的激励作用。

第 47 问　企业缴费以什么方式分配到职工个人账户？

根据《企业年金办法》第十七条的规定，企业缴费应当按照企业年金方案确定的比例和办法计入职工企业年金个人账户，职工个人缴费计入本人企业年金个人账户。

从实际操作来看，企业缴费可以根据每名参加职工的缴费基数按照同样的比例计入职工个人账户；也可以综合考虑工龄、年龄、职称、岗位重要性、贡献度等因素，确定每名职工的个人账户企业缴费分配额；还可以对核心骨干、既有人员等设置激励性企业缴费分配，对临近退休人员设置补偿性缴费分配。

《企业年金办法》第十八条规定，企业应当合理确定本单位当期缴费计入职工企业年金个人账户的最高额与平均额的差距。企业当期缴费计入职工企业年金个人账户的最高额与平均额的差距（以下简称高平差）不得超过 5 倍。

不管按哪种分配方式，高平差不得超过 5 倍但不包括补偿性缴费分配。

企业缴费部分分配方式

系数法：通常参考工龄、年龄、职称、岗位重要性、贡献度等因素，确定每名职工的个人账户企业缴费分配额。

比例法：通常根据每名参加职工的缴费基数，按照同样的比例计入职工个人账户。

第48问 企业缴费每年不超过本企业职工工资总额的8%，其中工资总额的口径是什么？

工资总额使用企业上年度或者本年度的工资总额都可以，但企业需要把本年度试用期满的职工纳入年金制度，即本年度加入年金计划人员使用本年度工资总额的口径。

第49问 什么是个人账户？每名职工都有个人账户吗？

企业年金个人账户是用于记录职工个人基本信息、企业缴费信息、个人缴费信息、投资收益、已归属权益等信息的账户。

企业年金计划的账户管理人会为每名参加计划的职工都建立个人账户，职工通过查询个人账户可以清楚地了解到个人缴费、归属职工的企业缴费、投资收益等信息。

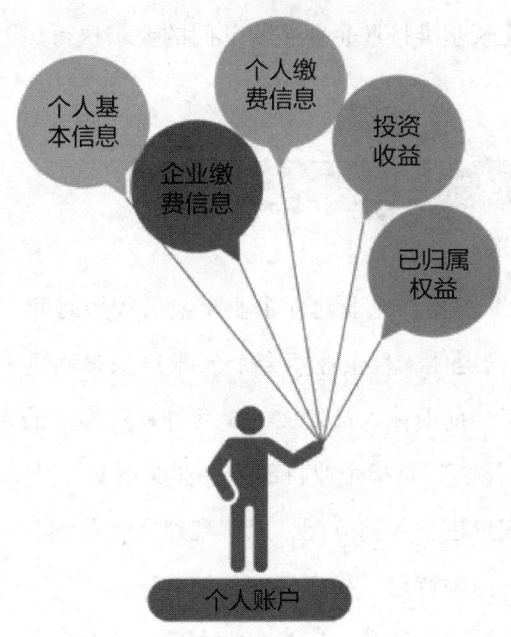

第50问 高平差的比较基准是什么？

一般情况下，计算高平差时以每个独立法人为基准，企业总部可以单独计算。即每个独立法人计算高平差时不得超过5倍；企业总部计算高平差时不得超过5倍。

一些金融机构（如银行、保险公司）整个企业是法人单位，分支机构均不是法人，这样的企业计算高平差时分别以本总部机构或本省全部机构的平均缴费作为平均额基准。

具体比较基准按照企业主管部门的要求执行。

第51问 什么是"中人补偿"？

"中人"是指在企业建立企业年金后较短时间（一般不超过10年）内退休，且企业年金个人账户积累额达不到企业向建立企业年金前退休人员发放的统筹外补贴标准的人员。

"中人补偿"是指企业将部分企业缴费对"中人"的企业年金个人账户进行单独分配，以实现建立企业年金前后退休人员补充养老保险待遇平稳衔接的分配办法。

企业进行中人补偿，应当在将大部分企业缴费分配给所有参加企业年金职工的基础上进行，并结合企业缴费水平、原统筹外补贴水平、职工年龄结构等因素，通过测算，合理制定补偿办法，并在企业年金方案中予以明确。

第 52 问　企业缴费分配是否都需要考虑高平差？

除符合国家规定的"中人补偿"以外，其他的企业当年缴费记入个人账户的部分均应纳入 5 倍高平差的计算范围。

"中人补偿"可以是退休后的补偿，即补偿缴费由企业账户支付，也可以是退休前的加速积累。计入个人账户部分需要区分当期缴费和补偿缴费，其中当期缴费遵循 5 倍高平差的规定。

第 53 问　企业缴费分配时，超过 5 倍高平差的部分如何处理？

超过平均额 5 倍的部分，需要记入企业账户。

第54问　企业如果出现亏损，能否中止缴费？中止后，能否再恢复缴费？

根据《企业年金办法》第十六条的规定，实行企业年金后，企业如遇到经营亏损、重组并购等当期不能继续缴费的情况，经与职工一方协商，可以中止缴费。

不能继续缴费的情况消失后，企业和职工恢复缴费，并可以根据本企业实际情况，按照中止缴费时的企业年金方案予以补缴。补缴的年限和金额不得超过实际中止缴费的年限和金额。

第55问　企业建立年金计划后，能不能往前追缴几年？

根据人力资源社会保障部办公厅发布的《关于进一步做好企业年金方案备案工作的意见》（人社厅发〔2014〕60号）的规定，用人单位建立企业年金的时间，不应早于参加企业职工基本养老保险的时间。

一般情况下，新建立年金计划的企业，可追缴至上年度；新建立的年金计划若已备案，但因特殊原因未缴费，则可按备案时间缴费，即可以追溯缴费。

第56问 企业年金缴费及投资收益如何归属于职工个人?

根据《企业年金办法》第十九条的规定,职工企业年金个人账户中个人缴费及其投资收益自始归属于职工个人。

职工企业年金个人账户中企业缴费及其投资收益,企业可以与职工一方约定其自始归属于职工个人,也可以约定随着职工在本企业工作年限的增加逐步归属于职工个人,完全归属于职工个人的期限最长不超过8年。

第57问 设置权益归属最长年限的目的是什么?

设置权益归属的目的是利用福利沉淀实现有效激励,留住人才。一般来说,职工工作年限越长,归属比例越高。设置最长年限,一方面防止企业设置过长的年限变相扣减职工福利,另一方面也在一定范围内给予企业最大的权益归属自主设计权。因此,合理设置权益归属规则,可以保障企业和职工双方的权益。

第58问 权益最长归属年限是指在企业工作年限还是参加企业年金计划的年限?

权益最长归属年限是指职工在本企业工作年限。因此即使职工在本企业参加企业年金计划不满8年,但是在本企业工作满8年,则最长归属年限要按照在本企业工作年限来计算。

第59问 权益归属年限是否越长越好?

合理的权益归属设置有助于企业留住人才,减少人才流失,提高职工对企业的忠诚度和满意度。

权益归属的设置需要从职工的年龄结构和职工流动性等方面加以考虑,年限设置过长有可能让职工产生负面理解,因此,并不是归属年限越长越好。

第60问 悬崖式归属方式是否比阶梯式归属方式更好?

悬崖式归属方式,是指企业缴费及其投资收益在职工在本企业服务达到一定年限之前,完全不归属于职工个人,当职工在本企业服务一定年限后，企业缴费及其投资收益一次性全部归属于职工个人的归属方式。

阶梯式归属方式，是指随着职工在本企业服务年限的增长，个人账户中企业缴费及其投资收益逐步按照比例归属于职工个人的方式。

从实践情况来看，大部分企业都使用阶梯式归属方式，因为这种方式可以让职工逐步增强获得感，更有利于企业留住人才。而悬崖式归属方式容易让职工产生负面理解，所以如果没有特殊情况，企业在选择这种方式时一般比较慎重。

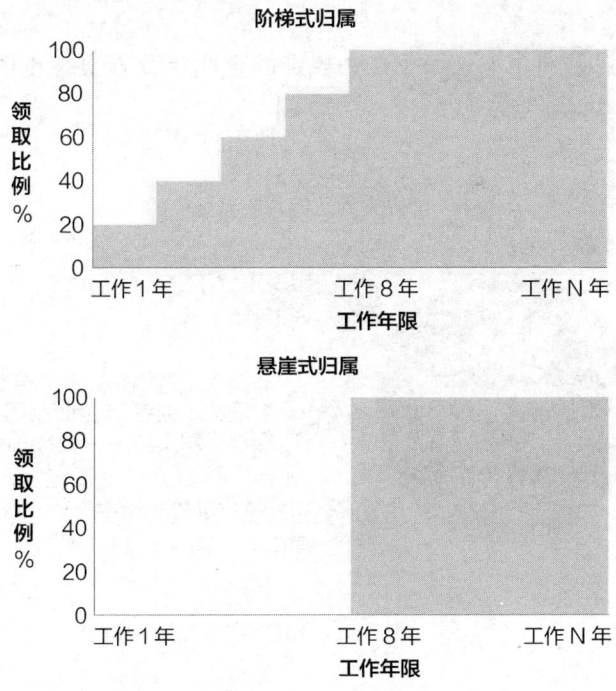

第61问 在哪些情形下,企业缴费及其投资收益完全归属于职工个人,且不受双方约定的权益归属年限的限制?

根据《企业年金办法》第二十条,有下列情形之一的,职工企业年金个人账户中企业缴费及其投资收益完全归属于职工个人:

(一)职工达到法定退休年龄、完全丧失劳动能力或者死亡的;

(二)有本办法第十二条规定的企业年金方案终止情形之一的;

企业缴费及其投资收益完全归属于职工个人的情形

01 职工达到法定退休年龄、完全丧失劳动能力或者死亡的

02 出现企业年金方案终止的情形之一

03 非因职工过错企业解除劳动合同的,或者因企业违反法律规定职工解除劳动合同的

04 劳动合同期满,由于企业原因不再续订劳动合同的

05 企业年金方案约定的其他情形

（三）非因职工过错企业解除劳动合同的，或者因企业违反法律规定职工解除劳动合同的；

（四）劳动合同期满，由于企业原因不再续订劳动合同的；

（五）企业年金方案约定的其他情形。

第62问 企业职工如何加入或退出企业年金方案？

职工参加企业年金方案，需要满足以下两个条件：

（一）与单位订立劳动合同并试用期满；

（二）依法参加企业职工基本养老保险并履行缴费义务。

为更好地扩大企业年金覆盖面，非公有制企业还可以在以上两点的基础上，结合本企业实际情况，适当补充其他条件。符合参加年金方案条件的职工，从符合条件的次月起自动加入企业年金方案。

职工退出企业年金方案，也需要满足两个条件：

（一）职工与企业终止或者解除劳动合同；

（二）职工达到企业年金方案规定的企业年金待遇领取条件。

职工达到退出条件后，企业停止其企业年金缴费，按照转移或支付流程进行后续处理。

第63问　企业建立年金方案，符合参加条件的职工是否可以放弃参加？已放弃参加年金方案的职工，是否可以再加入年金方案？

企业建立年金方案，符合参加条件的职工可以选择是否参加。

放弃参加年金方案的职工，应在符合条件后的下一次发薪日前提交书面的《职工放弃参加企业年金声明》，经单位备案后不加入企业年金方案。

放弃加入的职工后又申请加入企业年金方案的，需书面申请，经单位审核同意后加入企业年金方案。

第64问　职工工作发生变动，企业年金应该如何处理？

根据《企业年金办法》第二十二条的规定，职工变动工作单位时，新就业单位已经建立企业年金或者职业年金的，原企业年金个人账户权益应当随同转入新就业单位企业年金或者职业年金。

职工新就业单位没有建立企业年金或者职业年金的，或者职工升学、参军、失业期间，原企业年金个人账户可以暂时由原管理机构继续管理，也可以由法人受托机构发起的集合计划设置的保留账户暂时管理；原受托人是企业年金理事会的，由企业与职工协商选择法人受托机构管理。

第65问　领取企业年金待遇应该如何办理手续？

职工满足领取企业年金待遇的条件后，可以委托企业经办部门人员办理年金领取手续，由企业经办部门向受托人提请支付企业年金待遇。

如果其间职工工作有变动，而新就业单位没有建立年金计划，需要从原单位企业年金计划领取待遇的，可以由本人直接至原单位企业年金计划的受托人处办理领取企业年金待遇手续。

第66问　企业年金待遇领取条件是什么？有哪些领取方式？

《企业年金办法》第二十四条规定，符合下列条件之一的，可以领取企业年金：

（一）职工在达到国家规定的退休年龄或者完全丧失劳动能力时，可以从本人企业年金个人账户中按月、分次或者一次性领取企业年金，也可以将本人企业年金个人账户资金全部或者部分购买商业养老保险产品，依据保险合同领取待遇并享受相应的继承权；

（二）出国（境）定居人员的企业年金个人账户资金，可以根据本人要求一次性支付给本人；

（三）职工或者退休人员死亡后，其企业年金个人账户余额可以继承。

第67问 职工离职了，其企业年金个人账户中未归属于个人的企业缴费及投资收益该如何处理？

根据《企业年金办法》第二十一条的规定，职工离职的，其企业年金个人账户中未归属于个人的企业缴费及投资收益部分记入企业年金企业账户。

第68问 什么是企业账户资金？企业年金计划产生企业账户资金该怎么处理？

企业账户资金是指暂未分配至职工企业年金个人账户的企业缴费及其投资收益。企业账户资金主要包括两部分：一是职工劳动合同期限未满，因个人原因离职产生的未归属权益；二是设置了"中人补偿"的年金方案，留作"中人补偿"的资金。

企业年金企业账户中的企业缴费及其投资收益应当按照年金方案确定的比例和办法记入职工企业年金个人账户。因此企业账户资金需要定期分配到个人账户，分配方式可以按个人账户数平均分，也可以按当期企业缴费分配占比或当期个人账户资产余额占比来分，还可以根据企业年金方案约定的其他方式来分。企业账户资金的分配，也应遵循5倍高平差的规定。

第69问 哪些情形下，要进行企业年金计划的审计？

根据《企业年金基金管理办法》第七十一条的规定，发生以下情形之一的，受托人应当聘请会计师事务所对企业年金计划进行审计：

（一）企业年金计划连续运作满3个会计年度时；

（二）企业年金计划管理人职责终止时；

（三）国家规定的其他情形。

账户管理人、托管人、投资管理人应当自上述情况发生之日起配合会计师事务所对企业年金计划进行审计。受托人应当自上述情况发生之日起50日内向委托人以及人力资源社会保障行政部门提交审计报告。

第70问 企业年金计划审计如何收费？

审计费用直接从企业年金基金财产中扣除。一般来说，审计费用金额会根据所审计企业年金计划运作的时间长短、规模大小等因素来确定。

第71问 受托人向委托人进行信息披露，有哪些要求？

从实践来看，企业年金信息披露可分为定期报告和临时报告两种。

定期报告。根据《企业年金基金管理办法》第七十二条，受托人应当定期向委托人提交企业年金基金管理季度报告、企业年金基金管理和财务会计年度报告。

在此基础上，受托人可根据自己的能力和服务水平，提供周报、月报等定期报告。

临时报告。人力资源社会保障部发布的《关于企业年金基金管理信息报告有关问题的通知》（人社部发〔2009〕154号）第六条规定如下。

（一）临时报告事项包括：

1. 企业年金基金管理机构减资、分立、合并、解散、依法被撤销、决定申请破产；

2. 企业年金基金管理机构的主要股东、重大股权变动、注册地、注册资本、公司名称变动；

3. 企业年金基金管理机构的董事长、总经理、直接负责企业年金业务的高级管理人员变动；

4. 企业年金基金管理机构重大经营损失；

5. 企业年金基金管理机构及其企业年金从业人员涉嫌犯罪被司法机关立案调查或受到监管机构处罚；

6. 涉及企业年金基金财产的诉讼或仲裁；

7. 企业年金基金管理机构在企业年金基金财产运作中有违反法律、法规的行为；

8. 企业年金基金管理人发生变更；

9. 企业年金理事会理事长或三分之一以上成员变动；

10. 企业年金基金管理机构在企业年金基金财产运作中有

违反相关合同的行为;

11. 有可能使企业年金基金财产受到重大影响的其他事项;

12. 合同约定其他需要报告的内容;

13. 法律、法规规定或人力资源社会保障部要求报告的其他事项。

(二)当出现(但不限于)上述事项时,受托人应当自知晓或者应当知晓该事项发生之日起 5 个工作日内向委托人报告。

临时报告应包括事项发生的时间、内容、原因等。

除此之外,受托人也可根据年金管理需要及自己的能力和服务水平,提供其他事项临时报告。

第 72 问　对企业年金计划各管理人的信息披露,有时效的要求吗?

根据《企业年金基金管理办法》的相关规定,受托人应当在每季度结束后 30 日内向委托人提交企业年金基金管理季度报告;并应当在年度结束后 60 日内向委托人提交企业年金基金管理和财务会计年度报告。

账户管理人应当在每季度结束后 15 日内向受托人提交企业年金基金账户管理季度报告，并应当在年度结束后 45 日内向受托人提交企业年金基金账户管理年度报告。

托管人应当在每季度结束后 15 日内向受托人提交企业年金基金托管和财务会计季度报告，并应当在年度结束后 45 日内向受托人提交企业年金基金托管和财务会计年度报告。

投资管理人应当在每季度结束后 15 日内向受托人提交经托管人确认财务管理数据的企业年金基金投资组合季度报告，并应当在年度结束后 45 日内向受托人提交经托管人确认财务管理数据的企业年金基金投资管理年度报告。

信息披露者	时间	内容	提交对象
账户管理人	每季度结束后 15 日内 年度结束后 45 日内	季度账户管理报告 年度账户管理报告	受托人
托管人	每季度结束后 15 日内 年度结束后 45 日内	季度托管和财务会计报告 年度托管和财务会计报告	受托人
投资管理人 须经托管人确认财务数据	每季度结束后 15 日内 年度结束后 45 日内	季度投资组合报告 年度投资管理报告	受托人
受托人	每季度结束后 30 日内 年度结束后 60 日内	季度受托管理报告 年度受托管理报告	委托人

第73问 各管理人发生哪些情形，应向监管部门和受托人报告？

根据《企业年金基金管理办法》第七十六条的规定，法人受托机构、账户管理人、托管人和投资管理人发生下列情形之一的，应当及时向人力资源社会保障部报告；账户管理人、托管人和投资管理人应当同时抄报受托人。

（一）减资、合并、分立、依法解散、被依法撤销、决定申请破产或者被申请破产的；

（二）涉及重大诉讼或者仲裁的；

（三）董事长、总经理、直接负责企业年金业务的高级管理人员发生变动的；

（四）国家规定的其他情形。

第74问 企业年金基金投资的基本原则是什么？

企业年金基金投资管理应当遵循谨慎、分散风险的原则，充分考虑企业年金基金财产的安全性、收益性和流动性，实行专业化管理。

第75问　企业年金基金投资范围有哪些？投资各类资产的比例及范围是什么？

《企业年金基金管理办法》第四十七条规定，企业年金基金财产限于境内投资，投资范围包括银行存款、国债、中央银行票据、债券回购、万能保险产品、投资连结保险产品、证券投资基金、股票，以及信用等级在投资级以上的金融债、企业（公司）债、可转换债（含分离交易可转换债）、短期融资券和中期票据等金融产品。

人力资源社会保障部发布的《关于扩大企业年金基金投资范围的通知》（人社部发〔2013〕23号）作了补充规定，企业年金基金投资范围在《企业年金基金管理办法》第四十七条规定的金融产品之外，增加商业银行理财产品、信托产品、基础设施债权投资计划、特定资产管理计划、股指期货。

企业年金基金投资资产类别包括流动性资产、固定收益类资产、权益类资产，其各自比例及范围在《关于扩大企业年金基金投资范围的通知》第二条中有明确规定。

即，企业年金基金资产以投资组合为单位，按照公允价值计算应当符合下列几项规定。

（一）投资银行活期存款、中央银行票据、一年期以内（含一年）的银行定期存款、债券回购、货币市场基金、货币型养老金产品的比例，合计不得低于投资组合委托投资资产净值的5%；清算备付金、证券清算款以及一级市场证券申购资金视为流动性资产。

（二）投资一年期以上的银行定期存款、协议存款、国债、金融债、企业（公司）债、可转换债（含分离交易可转换债）、短期融资券、中期票据、万能保险产品、商业银行理财产品、信托产品、基础设施债权投资计划、特定资产管理计划、债券基金、投资连结保险产品（股票投资比例不高于30%）、固定收益型养老金产品、混合型养老金产品的比例，合计不得高于投资组合委托投资资产净值的135%。债券正回购的资金余额在每个交易日均不得高于投资组合委托投资资产净值的40%。

（三）投资股票、股票基金、混合基金、投资连结保险产品（股票投资比例高于30%）、股票型养老金产品的比例，合计不得高于投资组合委托投资资产净值的30%。

权益类	股票、股票型基金、投资型保险等 投资比例≤30%
固定收益类	银行存款（含协议存款）、国债、金融债、企业债、可转换债、商业银行理财、信托、债权计划、债券型基金等 投资比例≤135%（债券正回购杠杆部分最高40%）
流动性资产	活期存款、短期债券回购、央行票据、货币市场基金等 投资比例≥5%

企业年金基金不得直接投资于权证，但因投资股票、分离交易可转换债等投资品种而衍生获得的权证，应当在权证上市

交易之日起10个交易日内卖出。

第76问 什么是专门投资组合？有何要求？

根据人力资源社会保障部办公厅发布的《关于印发扩大企业年金基金投资范围和企业年金养老金产品有关问题政策释义的通知》（人社厅发〔2014〕35号）的规定，《关于扩大企业年金基金投资范围的通知》第三条、第四条、第五条，《关于企业年金养老金产品有关问题的通知》（人社部发〔2013〕24号）第二条第（二）款第3项，专门投资组合的含义为：将80%以上非现金资产投资于商业银行理财产品、信托产品、基础设施债权投资计划、特定资产管理计划或者商业银行理财产品型、信托产品型、基础设施债权投资计划型、特定资产管理计划型养老金产品中的一类产品而专门设立的投资组合。

专门投资组合属于固定收益类组合，不得投资于股票基金、混合基金、投资连结保险产品（股票投资比例高于30%）、二级市场股票、股指期货及股票型养老金产品等权益类产品。

第 77 问 企业年金基金可投资的商业银行理财产品应当符合哪些条件?

根据《关于扩大企业年金基金投资范围的通知》第七条,企业年金基金可投资的商业银行理财产品应当符合下列规定:

(一)风险等级为发行银行根据银监会评级要求,自主风险评级处于风险水平最低的一级或者二级。

(二)投资品种限于保证收益类和保本浮动收益类。

(三)投资范围限于境内市场的信贷资产、存款、货币市场工具、公开发行且评级在投资级以上的债券,基础资产由发行银行独立负责投资管理。

(四)发行商业银行理财产品的商业银行应当具有完善的公司治理、良好的市场信誉和稳定的投资业绩,上个会计年度末经审计的净资产不低于 300 亿元人民币或者在境内外主板上市,信用等级不低于国内信用评级机构评定的 A 级或者相当于 A 级的信用级别;境外上市并免于国内信用评级的,信用等级不低于国际信用评级机构评定的投资级或者以上的信用级别。

鼓励符合条件的商业银行根据企业年金委托人的投资偏好,为企业年金基金设计、发行商业银行理财产品。

第78问 企业年金基金可投资的信托产品应当符合哪些条件?

根据《关于扩大企业年金基金投资范围的通知》第八条,企业年金基金可投资的信托产品应当符合下列规定:

(一)限于融资类集合资金信托计划和为企业年金基金设计、发行的单一资金信托计划。

(二)投资合同应当包含明确的"受益权转让"条款。

(三)信用等级不低于国内信用评级机构评定的AA+级或者相当于AA+级的信用级别。但符合下列条件之一的,可以豁免外部信用评级:

1. 偿债主体上个会计年度末经审计的净资产不低于90亿元人民币,年营业收入不低于200亿元人民币;

2. 提供无条件不可撤销连带责任保证担保的担保人,担保人上个会计年度末经审计的净资产不低于90亿元人民币,年营业收入不低于200亿元人民币。

(四)安排投资项目担保机制,但符合上述第三款1条规定且在风险可控的前提下可以豁免担保。

(五)发行信托产品的信托公司应当具有完善的公司治理、良好的市场信誉和稳定的投资业绩,上个会计年度末经审计的净资产不低于30亿元人民币。

鼓励符合条件的信托公司根据企业年金委托人的投资偏好，为企业年金基金设计、发行信托产品。

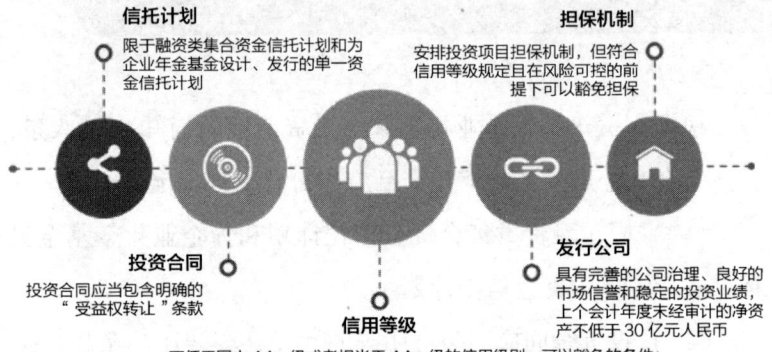

第 79 问　企业年金基金可投资的基础设施债权投资计划应当符合哪些条件？

根据《关于扩大企业年金基金投资范围的通知》第九条，企业年金基金可投资的基础设施债权投资计划应当符合下列规定：

（一）履行完毕相关监管机构规定的所有合法程序；

（二）基础资产限于投向国务院、有关部委或者省级政府批准的基础设施项目债权资产；

（三）投资合同应当包含明确的"受益权转让"条款；

（四）信用等级不低于国内信用评级机构评定的 A 级或者相当于 A 级的信用级别；

（五）投资品种限于信用增级为 A 类、B 类增级方式；

（六）发行基础设施债权投资计划的保险资产管理公司应当具有完善的公司治理、良好的市场信誉和稳定的投资业绩，上个会计年度末经审计的净资产不低于 2 亿元人民币。

鼓励符合条件的保险资产管理公司根据企业年金委托人的投资偏好，为企业年金基金设计、发行基础设施债权投资计划。

第 80 问 企业年金基金可投资的特定资产管理计划应当符合哪些条件？

根据《关于扩大企业年金基金投资范围的通知》第十条，企业年金基金可投资的特定资产管理计划应当符合下列规定：

（一）限于结构化分级特定资产管理计划的优先级份额；

（二）不得投资于商品期货及金融衍生品；

（三）不得投资于未通过证券交易所转让的股权；

（四）发行特定资产管理计划的基金管理公司应当具有完

善的公司治理、良好的市场信誉和稳定的投资业绩，上个会计年度末经审计的净资产不低于2亿元人民币。

第81问 什么是养老金产品？投资养老金产品对企业年金有哪些好处？

根据《关于企业年金养老金产品有关问题的通知》的规定，养老金产品是由企业年金基金投资管理人发行的、面向企业年金基金定向销售的企业年金基金标准投资组合。

企业年金基金投资养老金产品有利于投资管理人整合资源，提高投资效率。中小规模的企业年金计划通过配置养老金产品，可以获取更好的投资机会，优化投资组合。

第82问 养老金产品的类型及投资范围有哪些？

养老金产品分为股票型、混合型、固定收益型和货币型四个类型。

关于养老金产品的投资范围，《关于企业年金养老金产品有关问题的通知》规定，养老金产品限于境内投资，投资范围包括银行存款、国债、中央银行票据、债券回购、万能保险产品、投资连结保险产品、证券投资基金、股票、商业银行理财产品、信托产品、基础设施债权投资计划、特定资产管理计划、股指期货,以及信用等级在投资级以上的金融债、企业(公司)债、可转换债(含分离交易可转换债)、短期融资券和中期票据等金融产品。

养老金产品资产不得直接投资于权证,但因投资股票、分离交易可转换债等投资品种而衍生获得的权证,应当在权证上市交易之日起10个交易日内卖出。

各养老金产品类型投资比例如下。

股票型:投资股票、股票基金、混合基金、投资连结保险产品(股票投资比例高于30%)的比例,合计高于产品资产净值的30%。债券正回购的资金余额在每个交易日均不得高于产品资产净值的40%。

混合型:投资股票、股票基金、混合基金、投资连结保险产品(股票投资比例高于30%)的比例,合计不得高于产品资产净值的30%。债券正回购的资金余额在每个交易日均不得高于产品资产净值的40%。

固定收益型:投资银行定期存款、协议存款、国债、金融债、企业(公司)债、可转换债(含分离交易可转换债)、短期融资券、中期票据、万能保险产品、商业银行理财产品、信托产品、基础设施债权投资计划、特定资产管理计划、债券基金、投资连结保险产品（股票投资比例不高于 30%）的比例，合计高于产品资产净值的 80%。债券正回购的资金余额在每个交易日均不得高于产品资产净值的 40%。可转换债（含分离交易可转换债）转股后应当于 10 个交易日内卖出。固定收益型养老金产品不得投资股票基金、混合基金、投资连结保险产品（股票投资比例高于 30%）；可以投资股票一级市场，且应当在上市流通后 10 个交易日内卖出，但不得投资股票二级市场。

货币型：投资银行活期存款、一年以内（含一年）的银行定期存款、剩余期限在 397 天以内（含 397 天）的债券、债券回购、期限在一年以内（含一年）的中央银行票据、货币市场基金、短期理财债券基金。债券正回购的资金余额在每个交易日均不得高于产品资产净值的 40%。

产品名称显示投资方向的固定收益型养老金产品，应当有 80% 以上的非现金资产投资于投资方向确定的内容。可以包括存款型、债券型、债券基金型、商业银行理财产品型、信托产品型、基础设施债权投资计划型、特定资产管理计划型、保险产品型等类型。

第83问 单个企业年金计划对养老金产品的投资比例是多少？

根据《关于企业年金养老金产品有关问题的通知》的规定，单个企业年金计划基金资产或者单个投资组合委托投资资产，投资股票型养老金产品的比例，不得高于企业年金计划基金资产净值或者投资组合委托投资资产净值的30%。

单个企业年金计划基金资产，投资商业银行理财产品型、信托产品型、基础设施债权投资计划型、特定资产管理计划型养老金产品的比例，合计不得高于企业年金计划基金资产净值的30%。其中，投资信托产品型养老金产品的比例，不得高于企业年金计划基金资产净值的10%。

第84问 单个投资组合委托投资资产对养老金产品的投资比例是多少？

根据《关于企业年金养老金产品有关问题的通知》的规定，单个投资组合委托投资资产，投资商业银行理财产品型、信托产品型、基础设施债权投资计划型、特定资产管理计划型养老金产品的比例,合计不得高于投资组合委托投资资产净值的 30%。其中,投资信托产品型养老金产品的比例,不得高于投资组合委托投资资产净值的 10%。投资商业银行理财产品型、信托产品型、基础设施债权投资计划型或者特定资产管理计划型养老金产品的专门投资组合,可以不受此 30% 和 10% 规定的限制。

《关于企业年金养老金产品有关问题的通知》还规定,单个投资组合委托投资资产,投资单只养老金产品的比例,可以不受《企业年金基金管理办法》第五十条有关 30% 规定的限制。

第85问 单只养老金产品投资非标准化债权资产的比例是多少?

非标准化债权资产是指未在银行间市场及证券交易所市场交易的债权性资产。对单只养老金产品投资这类资产,《关于企业年金养老金产品有关问题的通知》作了明确规定。

单只养老金产品资产,投资于一家企业所发行的股票,单期发行的同一品种短期融资券、中期票据、金融债、企业(公司)债、可转换债(含分离交易可转换债)、单只证券投资基金，单个万能保险产品或者投资连结保险产品，分别不得超过该企业上述证券发行量、该基金份额或者该保险产品资产管理规模的 5%；按照公允价值计算，也不得超过该养老金产品资产净值的 10%。

单只养老金产品资产，投资商业银行理财产品、信托产品、基础设施债权投资计划、特定资产管理计划的比例，合计不得超过养老金产品资产净值的 30%。其中，投资信托产品的比例，不得超过养老金产品资产净值的 10%。商业银行理财产品型、信托产品型、基础设施债权投资计划型或者特定资产管理计划型养老金产品，可以不受此 30% 和 10% 规定的限制。

单只养老金产品资产，投资于单期商业银行理财产品、信托产品、基础设施债权投资计划或者特定资产管理计划，分别不得超过该期商业银行理财产品、信托产品、基础设施债权投资计划或者特定资产管理计划资产管理规模的 20%。其中，商业银行理财产品型、信托产品型、基础设施债权投资计划型或者特定资产管理计划型养老金产品，可以不受此规定的限制。

第 86 问 养老金产品发生变更和终止的条件是什么?

根据《关于企业年金养老金产品有关问题的通知》，发生下列情形之一的，养老金产品变更：养老金产品名称变更；养老金产品管理费率调高；养老金产品投资政策变更；备案材料的其他主要内容变更。

发生下列情形之一的，养老金产品终止：投资管理人与托管人协商一致决定终止的；人力资源社会保障部按照规定决定终止的。

第 87 问 养老金产品如何收费?

《关于企业年金养老金产品有关问题的通知》规定，养老金产品投资管理费按照固定费率收取，不收取业绩报酬，不提取风险准备金。

养老金产品的投资管理费、托管费和其他相关费用，包括证券交易费用、资金划拨费用以及证券账户、资金账户等的开户及变更费用等，从养老金产品资产中扣除。养老金产品投资管理人、托管人应当综合考虑养老金性质、份额持有人利益和市场发展等因素，合理确定管理费收取标准。

投资管理人投资养老金产品不再重复收取投资管理费。

第88问　企业年金基金投资应追求高风险高收益还是低风险低收益？

因为企业年金基金的特殊性，企业年金基金投资需要从安全性、收益性和流动性三个方面进行综合考量。

一方面，企业年金基金投资的收益和风险是并存的，往往高收益也会承担较高的风险，所以一味追求高收益，并不符合企业年金基金财产安全性的特征。另一方面，企业年金基金投资如果完全追求低风险低收益，会牺牲掉部分投资效率与资产的增值。因此需要在风险与收益之间进行合理平衡。

第89问　企业年金基金是企业自己的，投资方案是否由企业定，而不需要受托人参与？

首先，从相关规定上来讲，制订企业年金基金战略资产配置策略是受托人的职责之一，因此制订投资方案是受托人的职责；其次，制订投资方案是一项专业性很高的工作，需要有相应的专业研究人员、经验、模型、系统等，而绝大部分企业不具备这些条件；最后，一般来讲，受托人在制订投资方案的时候，会综合考虑企业的风险偏好、具体需求、业绩目标等因素，同时也会与企业进行充分的沟通和协商，在发挥受托人受托资产配置专业能力的基础上，尽可能满足企业的需求。

第 90 问 企业年金基金投资业绩不佳时，是否需要立即调整投资方案？

投资方案的制订，是基于业绩目标和对一段时间内（至少一年）市场情况的判断，其执行也是一个相对长期、持续的过程。

当企业年金基金投资业绩不佳或未达到预定目标时，首先需要对原因进行分析，然后采取有针对性的措施，而不是立即调整投资方案。如果是市场情况发生变化，与制订投资方案时相比有较大偏离，则需要调整；如果是其他原因，比如投资管理人未有效落实投资方案或在择时、择券、择股等方面出了问题，则需要采取其他的方式来解决。

第91问 投资组合业绩不好就立马更换投资管理人的做法，是否可取？

不建议这么做。

第一，短期或暂时的投资业绩波动或者不佳是不可避免的，根据已有经验，能够持续保持高投资业绩的投资管理人是极少的，但即使是这些投资管理人，也有短期或暂时投资业绩波动较大或不佳的情况。

第二，需要对投资组合业绩不佳的原因进行深入分析评估，对症下药，而不是盲目地更换投资管理人，如果评估后发现的确是投资管理人的整体投资能力有问题，则应该尽快更换投资管理人。

第三，更换投资管理人，会有一定的成本，这个成本既包括变更投资管理人过程中的资产变现和移交成本，也包括变更后新的投资管理人能否取得较好业绩的机会成本。

第四，可以建立科学合理的投资管理人考核办法，规模较大的企业年金计划还可以引入多个投资管理人，形成竞争机制，实现投资收益最大化。

第92问　企业年金基金投资，设定既追求绝对收益、又追求较好市场相对排名的目标，是否合理？

企业年金基金投资业绩目标的设定，是对企业和职工风险偏好、市场情况等因素的综合考量。既追求绝对收益，又追求市场相对排名，就要求投资管理人在市场好的时候要实现更好的业绩，市场不好的时候要控制风险，达到业绩基准，实现绝对收益目标。

从委托人的角度来看，这一目标有其合理性。但是从投资管理人的角度来看，是较难实现的。因为追求绝对收益和相对排名是两种不同的目标，相应的，投资管理人的操作策略、手段和手法是有很大差异的。从之前的实践来看，还没有任何一个企业年金计划能做到每年的投资业绩既超过业绩基准实现绝对收益，又超过市场平均水平取得较好的相对排名。

第 93 问 设定高投资业绩基准,是否一定可以带来高投资收益?

投资业绩基准是受托人用以评价企业年金基金投资管理人的投资管理能力的标准。业绩基准需要与投资目标相一致,反映出投资目标的特征。

投资业绩基准可以是整个市场的通用指数,也可以根据企业年金基金具体的投资目标和风格,按企业年金基金资产在几个市场的配置权重,将几个市场的通用指数进行加权得出。

制定过高的业绩基准,会导致投资管理人在实际操作中铤而走险,承担较高的风险以博取高收益,这种做法违背了企业年金基金投资的安全性原则,且一旦发生市场波动,会导致较大的业绩回撤,增加产生亏损的可能性,反而不能实现高收益。

第 94 问 不想承担太多投资风险,所以不希望企业年金计划投资股票,这一想法合理吗?

企业年金基金投资应在保证风险可控的前提下,积极挖掘机会，获得合理稳健的投资收益，实现年金资产合理的保值增值，保障委托人和受益人利益最大化。

股票投资作为企业年金基金重要的投资品种，对实现企业年金基金更好地保值增值有积极的作用。从之前的实践经验来看，投资股票的企业年金计划平均每年的投资收益率比不投资股票的企业年金计划要高1%以上。因此，企业年金基金参与股票投资，从长期来看，是可以提升企业年金基金投资收益的。

但是，是否参与股票投资以及投资比例，也要根据企业和职工的具体情况以及风险承受能力来确定。对于职工相对年轻、积累期较长、能够承受一定投资波动风险的企业，投资股票的比例可以适当高一点，反之可以少投股票。对于临近退休和已经退休开始分期领取的人员，可以设立专门的待遇支付组合，不投资股票。

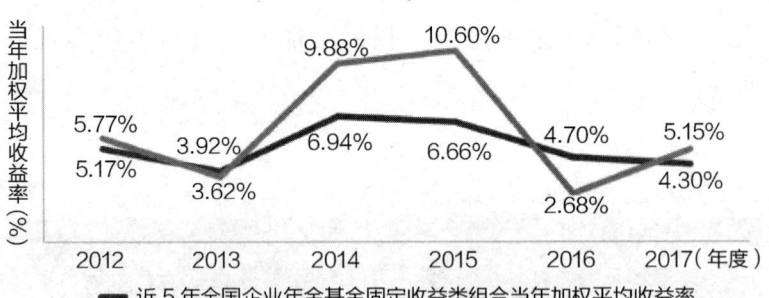

数据来源：人力资源社会保障部全国企业年金基金业务数据摘要（2012—2017年）

第 95 问　企业年金是否可以承诺保本或者保底收益？

《企业年金基金管理办法》规定，禁止投资管理人承诺、变相承诺保本或者保证收益。

第 96 问　企业缴费和个人缴费是否要纳税？

财政部、人力资源社会保障部、国家税务总局发布的《关于企业年金　职业年金个人所得税有关问题的通知》（财税〔2013〕103 号）对企业年金和职业年金相关纳税问题规定如下：

企业和事业单位（以下统称单位）根据国家有关政策规定的办法和标准，为在本单位任职或者受雇的全体职工缴付的企业年金或职业年金（以下统称年金）单位缴费部分，在计入个人账户时，个人暂不缴纳个人所得税。

个人根据国家有关政策规定缴付的年金个人缴费部分，在不超过本人缴费工资计税基数 4% 标准内的部分，暂从个人当期的应纳税所得额中扣除。

超过上述规定的标准缴付的年金单位缴费和个人缴费部分，应并入个人当期的工资、薪金所得，依法计征个人所得税。税款由建立年金的单位代扣代缴，并向主管税务机关申报解缴。

根据财政部、国家税务总局发布的《关于补充养老保险费 补充医疗保险费有关企业所得税政策问题的通知》(财税〔2009〕27号),自2008年1月1日起,企业根据国家有关政策规定,为在本企业任职或者受雇的全体员工支付的补充养老保险费、补充医疗保险费,分别在不超过职工工资总额5%标准内的部分,在计算应纳税所得额时准予扣除;超过的部分,不予扣除。

第97问 企业年金基金投资取得的收益是否要纳税?

《关于企业年金 职业年金个人所得税有关问题的通知》规定,年金基金投资运营收益分配计入个人账户时,个人暂不缴纳个人所得税。

第98问 个人退休领取年金时,是否要纳税?

《关于企业年金 职业年金个人所得税有关问题的通知》第三条第1项规定,"个人达到国家规定的退休年龄,在本通知实施之后按月领取的年金,全额按照'工资、薪金所得'

项目适用的税率,计征个人所得税;在本通知实施之后按年或按季领取的年金,平均分摊计入各月,每月领取额全额按照'工资、薪金所得'项目适用的税率,计征个人所得税。"

第三条第 2 项规定:"对单位和个人在本通知实施之前开始缴付年金缴费,个人在本通知实施之后领取年金的,允许其从领取的年金中减除在本通知实施之前缴付的年金单位缴费和个人缴费且已经缴纳个人所得税的部分,就其余额按照本通知第三条第 1 项的规定征税。在个人分期领取年金的情况下,可按本通知实施之前缴付的年金缴费金额占全部缴费金额的百分比减计当期的应纳税所得额,减计后的余额,按照本通知第三条第 1 项的规定,计算缴纳个人所得税。"

第 99 问 因个人出国定居或死亡需领取年金时,是否要纳税?

根据《关于企业年金 职业年金个人所得税有关问题的通知》第三条第 3 项的规定,对个人因出境定居而一次性领取的年金个人账户资金,或个人死亡后,其指定的受益人或法定继承人一次性领取的年金个人账户余额,允许领取人将一次性领取的年金个人账户资金或余额按 12 个月分摊到各月,就其每月分摊额，计算缴纳个人所得税。

对个人除上述特殊原因外一次性领取年金个人账户资金或余额的，则不允许采取分摊的方法，而是就其一次性领取的总额，单独作为一个月的工资薪金所得，计算缴纳个人所得税。

第 100 问　领取年金待遇，个人所得税如何缴纳？

根据《关于企业年金 职业年金个人所得税有关问题的通知》第三条第 4 项的规定，个人领取年金时，其应纳税款由受托人代表委托人委托托管人代扣代缴。年金账户管理人应及时向托管人提供个人年金缴费及对应的个人所得税纳税明细。托管人根据受托人指令及账户管理人提供的资料，按照规定计算扣缴个人当期领取年金待遇的应纳税款，并向托管人所在地主管税务机关申报解缴。

《年金：没有终点的马拉松》主要讨论了企业年金的治理结构、市场发展、受托和投资等专业管理、年金政策等实务课题，并对年金个人投资选择权进行了前瞻性探讨，对近几年新出现的职业年金、基本养老保险投资也有涉猎。该书记录了作者从业十余年来对企业年金发展思考的心路历程，被中国社会科学院世界社保研究中心主任郑秉文教授称为"一部充满思考并冲向终点的佳作"。

ISBN：978-7-5167-3280-9

定价：48.00

作者：李连仁